Impressum
Verlag: BABADADA GmbH, Nedderfeld 112 , 22529 Hamburg
Geschäftsführer / Verlagsleitung: Harald Hof
Druck: Books on Demand GmbH, In de Tarpen 42, 22848 Norderstedt

Imprint
Publisher: BABADADA GmbH, Nedderfeld 112 , 22529 Hamburg, Germany
Managing Director / Publishing direction: Harald Hof
Print: Books on Demand GmbH, In de Tarpen 42, 22848 Norderstedt

school
el colegio

classroom
el aula

divide
dividir

186/2

board
el pizarrón

school yard
el patio de la escuela

teacher
el maestro

paper
el papel

write
escribir

pen
la birome

desk
el escritorio

ruler
la regla

book
el libro

pupil
el alumno

satchel
la mochila

pencil case
la caja de lápices

pencil
el lápiz

pencil sharpener
el sacapuntas

rubber
la goma (de borrar)

drawing pad
el bloc de dibujo

drawing
el dibujo

paintbrush
el pincel

paint box
la caja de pinturas

scissors
la tijera

glue
el pegamento

exercise book
el cuaderno de ejercicios

homework
la tarea

number
el número

add
sumar

subtract
restar

multiply
multiplicar

calculate
calcular

letter
la letra

alphabet
el abecedario

word
la palabra

text

el texto

read

leer

chalk

la tiza

lesson

la lección

register

el cuaderno de clase

exam

el examen

certificate

el certificado

school uniform

el uniforme escolar

education

la educación

encyclopedia

la enciclopedia

university

la universidad

microscope

el microscopio

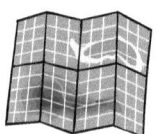

map

el mapa

waste-paper basket

el tacho (de basura)

school - el colegio

travel
el viaje

hotel
el hotel
Grand
hostel
el hostel
ROOMS
bureau de change
la casa de cambio
EXCHANGE
car
el auto

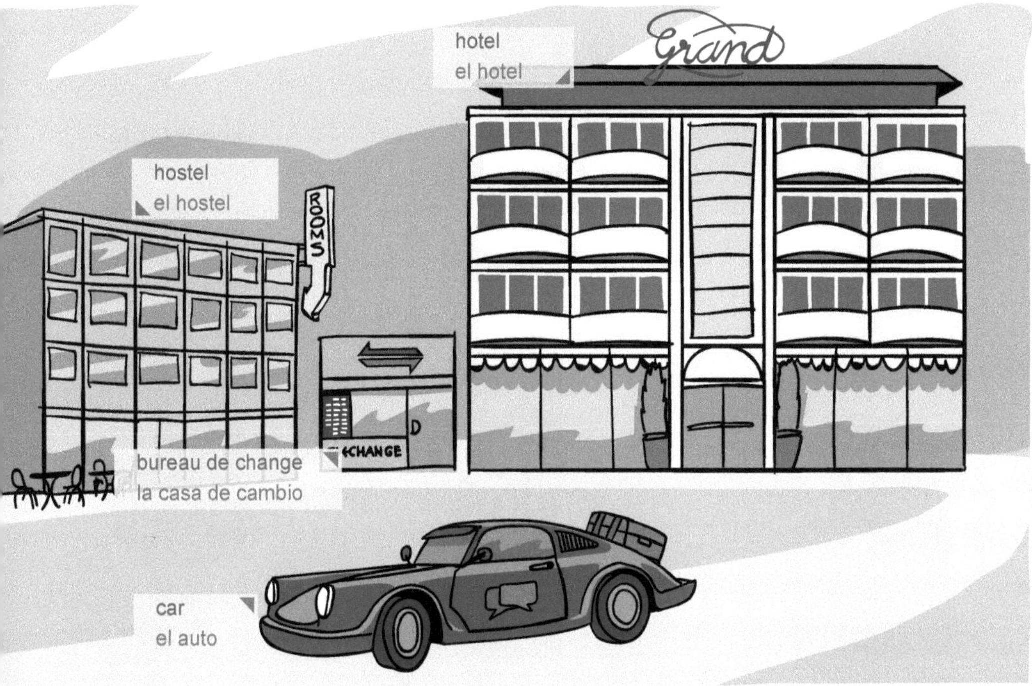

language
el idioma

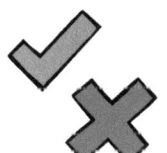

yes / no
sí / no

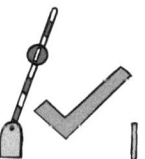

Okay
Está bien

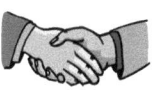

hello
hola

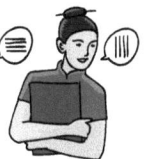

translator
el traductor

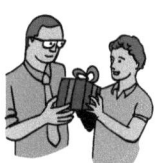

Thank you
Gracias

how much is...?

¿cuánto cuesta...?

I do not understand

No entiendo

problem

el problema

Good evening!

¡Buenas tardes!

Good morning!

¡Buenos días!

Good night!

¡Buenas noches!

bye bye

el adiós

direction

la dirección

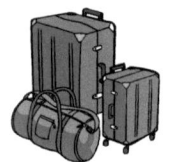

luggage

el equipaje

bag

el bolso

backpack

la mochila

guest

el invitado

room

la habitación

sleeping bag

la bolsa de dormir

tent

la carpa

travel - el viaje

tourist information

la información turística

beach

la playa

credit card

la tarjeta de crédito

breakfast

el desayuno

lunch

el almuerzo

dinner

la cena

ticket

el pasaje

lift

el ascensor

stamp

el sello

border

la frontera

customs

la aduana

embassy

la embajada

visa

la visa

passport

el pasaporte

transport
el transporte

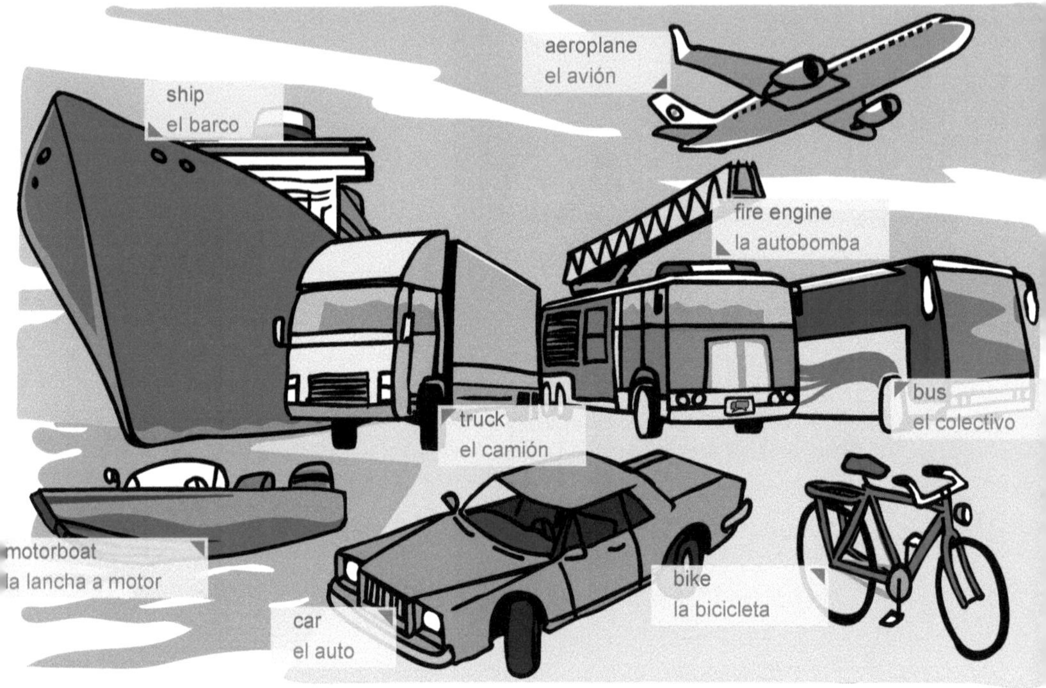
aeroplane
el avión
ship
el barco
fire engine
la autobomba
bus
el colectivo
truck
el camión
motorboat
la lancha a motor
bike
la bicicleta
car
el auto

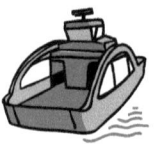

ferry
el ferry

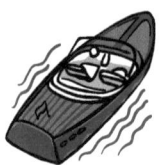

boat
el bote

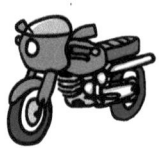

motorbike
la moto

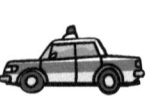

police car
el patrullero

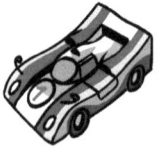

racing car
el auto de carreras

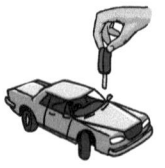

rental car
el auto de alquiler

car sharing

el alquiler de autos

breakdown truck

la grúa

refuse truck

el camión de la basura

motor

el motor

fuel

la nafta

petrol station

la estación de servicio

traffic sign

la señal de tránsito

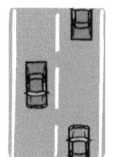

traffic

el tránsito

traffic jam

el embotellamiento

car park

el estacionamiento

train station

la estación de tren

tracks

las vías

train

el tren

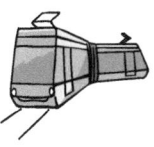

tram

el tranvía

carriage

el vagón

helicopter

el helicóptero

airport

el aeropuerto

tower

la torre

passenger

el pasajero

container

el contenedor

carton

la caja de cartón

cart

la carretilla

basket

la canasta

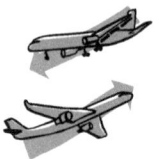

take off / land

despegar / aterrizar

city

la ciudad

village

el pueblo

city centre

el centro de la ciudad

house

la casa

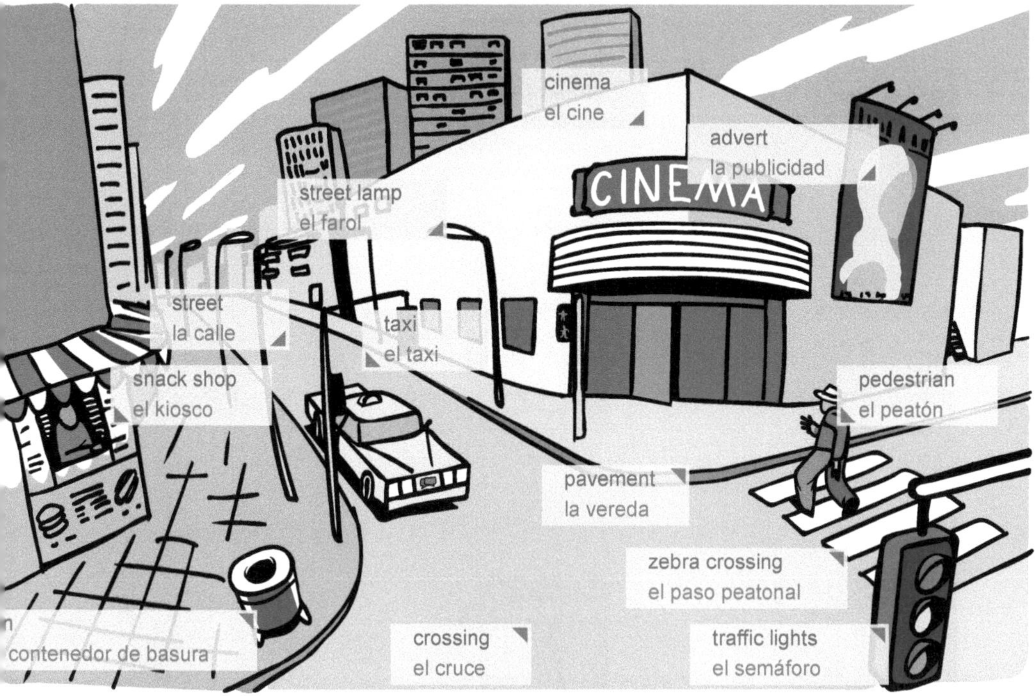

cinema
el cine

advert
la publicidad

street lamp
el farol

CINEMA

street
la calle

taxi
el taxi

snack shop
el kiosco

pedestrian
el peatón

pavement
la vereda

zebra crossing
el paso peatonal

n
contenedor de basura

crossing
el cruce

traffic lights
el semáforo

hut
la cabaña

flat
el departamento

train station
la estaclón de tren

town hall
la municipalidad

museum
el museo

school
el colegio

university

la universidad

bank

el banco

hospital

el hospital

hotel

el hotel

pharmacy

la farmacia

office

la oficina

book shop

la librería

shop

el negocio

florist's

la florería

supermarket

el supermercado

market

el mercado

department store

las grandes tiendas

fishmonger's

la pescadería

shopping centre

el centro comercial

harbour

el puerto

city - la ciudad

park

el parque

bench

el banco

bridge

el puente

stairs

las escaleras

underground

el subte

tunnel

el túnel

bus stop

la parada del colectivo

bar

el bar

restaurant

el restaurante

postbox

el buzón

street sign

el letrero

parking meter

el parquímetro

zoo

el zoológico

swimming pool

la pileta

mosque

la mezquita

farm

la granja

pollution

la contaminación

graveyard

el cementerio

church

la iglesia

playground

los juegos infantiles

temple

el templo

landscape

el paisaje

signpost
el poste indicador

way
el camino

meadow
la pradera

stone
la piedra

tree
el árbol

hiker
el excursionista

river
el río

grass
la hierba

flower
la flor

valley

el valle

hill

la montaña

lake

el lago

forest

el bosque

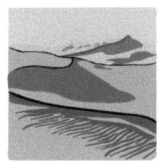

desert

el desierto

volcano

el volcán

castle

el castillo

rainbow

el arco iris

mushroom

el champiñón

palm tree

la palmera

mosquito

el mosquito

fly

la mosca

ant

la hormiga

bee

la abeja

spider

la araña

beetle

el escarabajo

frog

la rana

squirrel

la ardilla

hedgehog

el erizo

hare

la liebre

owl

la lechuza

bird

el pájaro

swan

el cisne

boar

el jabalí

deer

el ciervo

moose

el alce

dam

la presa

wind turbine

el aerogenerador

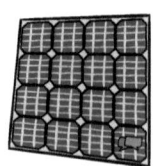

solar panel

el panel solar

climate

el clima

landscape - el paisaje

restaurant
el restaurante

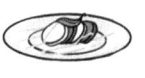

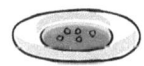

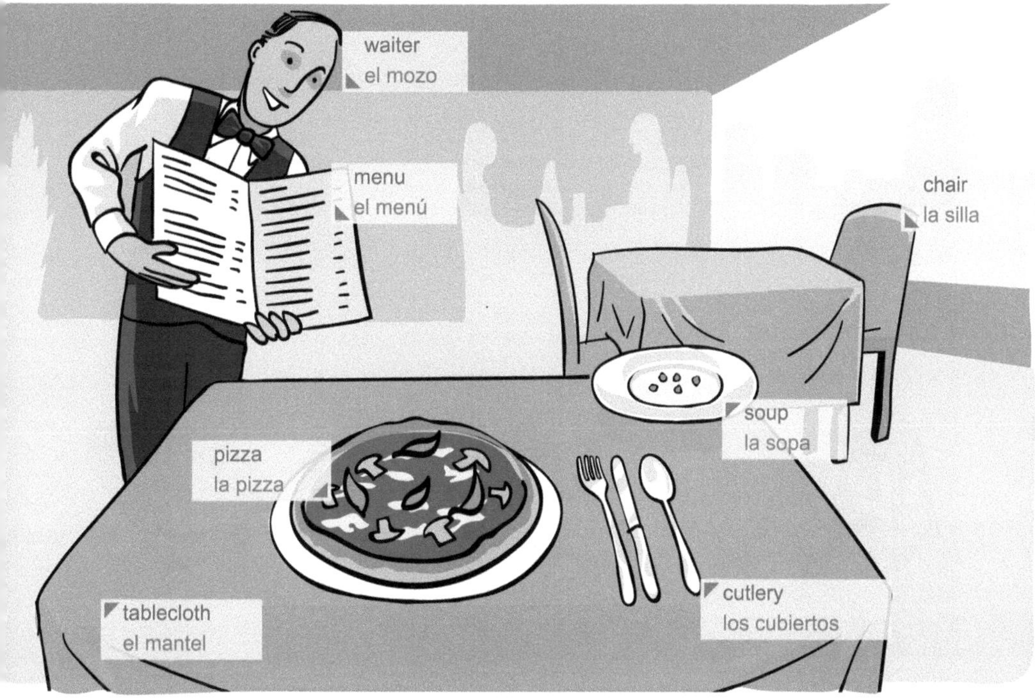

waiter
el mozo
menu
el menú
chair
la silla
soup
la sopa
pizza
la pizza
cutlery
los cubiertos
tablecloth
el mantel

starter

la entrada

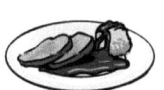

main course

el plato principal

dessert

el postre

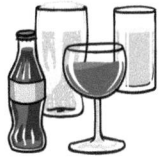

drinks

las bebidas

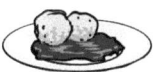

food

la comida

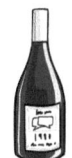

bottle

la botella

fast food

la comida rápida

street food

la comida callejera

teapot

la tetera

sugar bowl

la azucarera

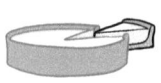

portion

la porción

espresso machine

la cafetera expreso

high chair

la sillita alta

bill

la cuenta

tray

la bandeja

knife

el cuchillo

fork

el tenedor

spoon

la cuchara

teaspoon

la cucharita

serviette

la servilleta

glass

el vaso

restaurant - el restaurante

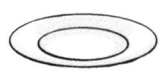

plate

el plato

soup plate

el plato hondo

saucer

el plato

sauce

la salsa

salt pot

el salero

pepper mill

el molinillo de pimienta

vinegar

el vinagre

oil

el aceite

spices

las especias

ketchup

el kétchup

mustard

la mostaza

mayonnaise

la mayonesa

supermarket

el supermercado

special offer
la oferta especial
FOR
customer
el cliente
dairy
los lácteos
fruit
la fruta
trolley
el changuito

BUTCHERS

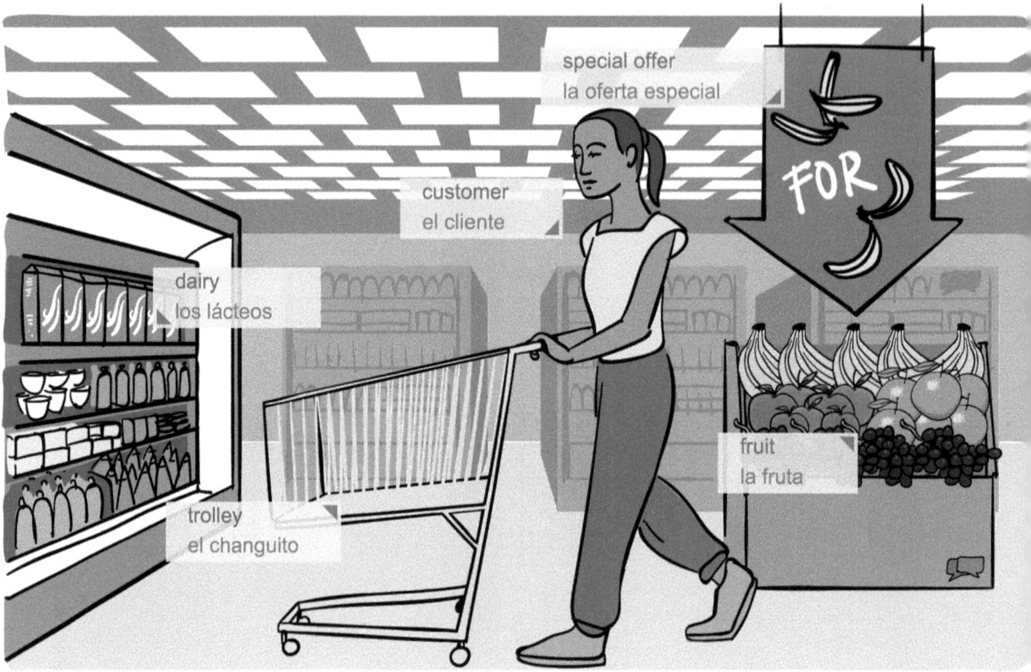

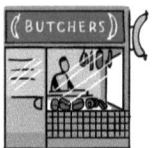

butcher´s

la carnicería

BAKERY

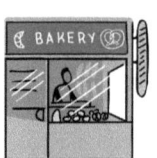

baker´s

la panadería

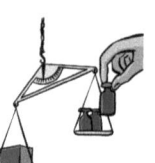

weigh

pesar

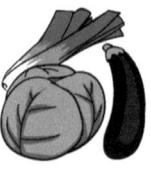

vegetables

las verduras

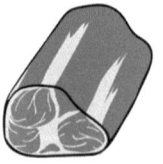

meat

la carne

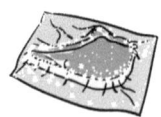

frozen food

los alimentos congelados

cold meat

los fiambres

tinned food

los alimentos enlatados

washing powder

el detergente en polvo

sweets

las golosinas

household products

los electrodomésticos

cleaning products

los productos de limpieza

salesperson

la vendedora

till

la caja

cashier

el cajero

shopping list

la lista de compras

opening hours

el horario de atención

wallet

la billetera

credit card

la tarjeta de crédito

bag

la cartera

plastic bag

la bolsa de plástico

las bebidas

water

el agua

juice

el jugo

milk

la leche

coke

la bebida cola

wine

el vino

beer

la cerveza

alcohol

el alcohol

cocoa

el cacao

tea

el té

coffee

el café

espresso

el café expreso

cappuccino

el cappuccino

banana

la banana

apple

la manzana

orange

la naranja

melon

el melón

lemon

el limón

carrot

la zanahoria

garlic

el ajo

bamboo

el bambú

onion

la cebolla

mushroom

el champiñón

nuts

las nueces

noodles

los fideos

spaghetti

los tallarines

rice

el arroz

salad

la ensalada

chips

las papas fritas

fried potatoes

las papas fritas

pizza

la pizza

hamburger

la hamburguesa

sandwich

el sándwich

cutlet

el churrasco

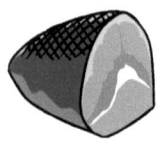

ham

el jamón

salami

el salame

sausage

la salchicha

chicken

el pollo

roast

el asado

fish

el pescado

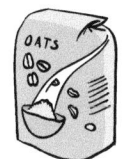

porridge oats

los copos de avena

muesli

el muesli

cornflakes

los copos de maíz

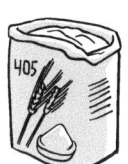

flour

la harina

croissant

la medialuna

bread roll

el pancito

bread

el pan

toast

la tostada

biscuits

las galletitas

butter

la manteca

curd

la cuajada

cake

la torta

egg

el huevo

fried egg

el huevo frito

cheese

el queso

ice cream

el helado

sugar

el azúcar

honey

la miel

jam

la mermelada

chocolate spread

la pasta de chocolate

curry

el curry

farm
la granja

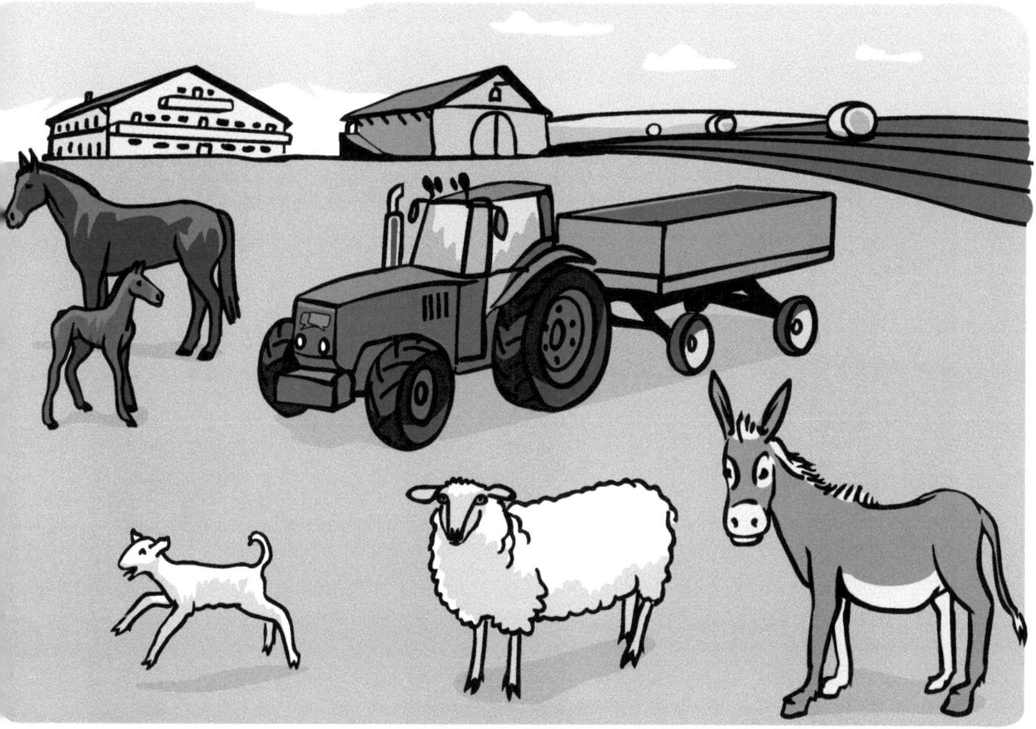

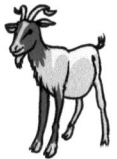

goat

la cabra

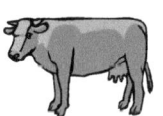

cow

la vaca

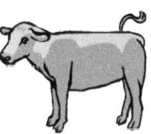

calf

el ternero

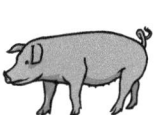

pig

el cerdo

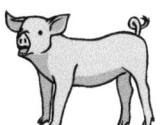

piglet

el lechón

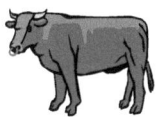

bull

el toro

goose

el ganso

duck

el pato

chick

el pollo

hen

la gallina

cock

el gallo

rat

la rata

cat

el gato

mouse

el ratón

ox

el buey

dog

el perro

doghouse

la cucha

garden hose

la manguera

watering can

la regadera

scythe

la guadaña

plough

el arado

sickle

la hoz

hoe

la azada

pitchfork

la horquilla

axe

el hacha

wheelbarrow

la carretilla

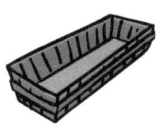

trough

el abrevadero

milk can

la lechera

sack

la bolsa

fence

la reja

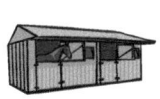

stable

el establo

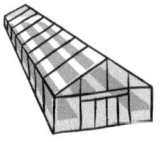

greenhouse

el invernadero

soil

el suelo

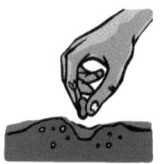

seed

la semilla

fertilizer

el fertilizador

combine harvester

la cosechadora

harvest

cosechar

harvest

la cosecha

yams

las batatas

wheat

el trigo

soy

la soja

potato

la papa

corn

el maíz

rapeseed

la semilla de colza

fruit tree

el árbol frutal

cassava

la mandioca

cereals

los cereales

house
la casa

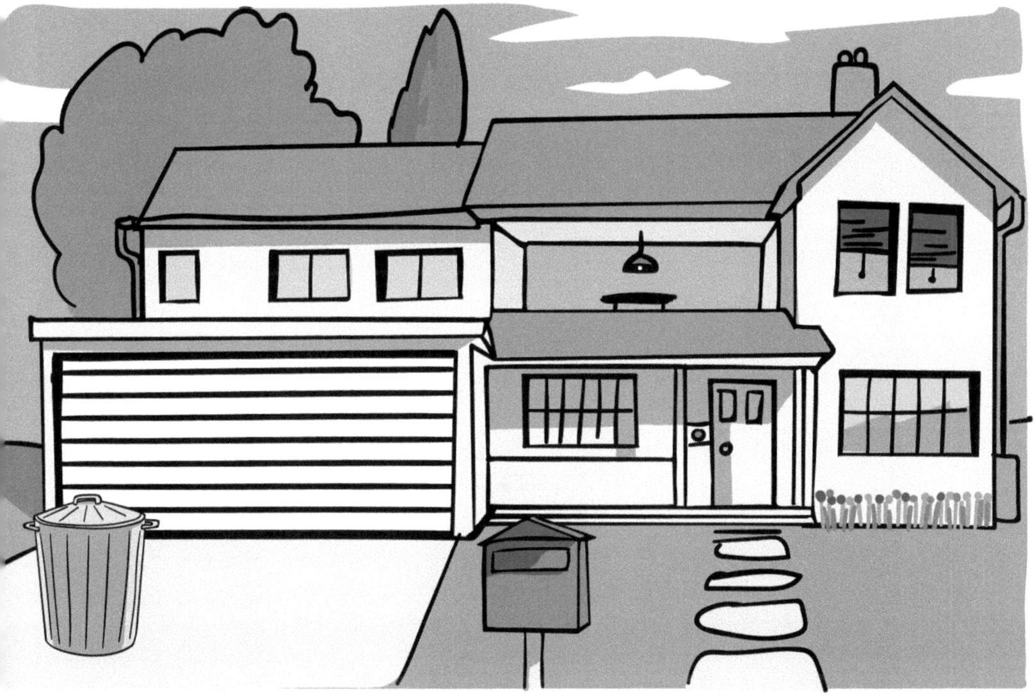

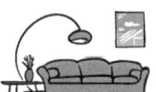

living room

el living

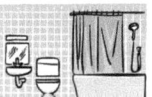

bathroom

el baño

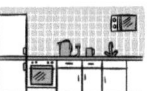

kitchen

la cocina

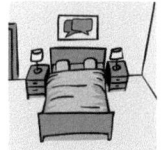

bedroom

el dormitorio

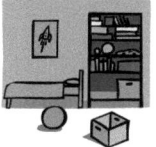

child's room

el cuarto de los chicos

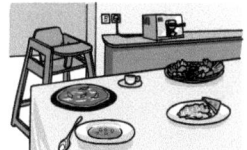

dining room

el comedor

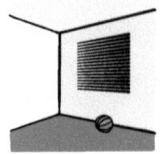

floor

el piso

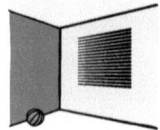

wall

la pared

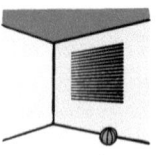

ceiling

el cielorraso

cellar

el sótano

sauna

el sauna

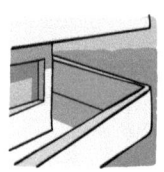

balcony

el balcón

terrace

la terraza

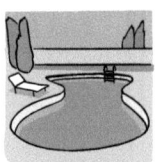

pool

la pileta

lawn mower

la cortadora de pasto

sheet

la sábana

bedspread

el acolchado

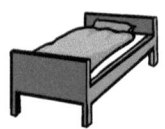

bed

la cama

broom

la escoba

bucket

el balde

switch

el interruptor

carpet
la alfombra

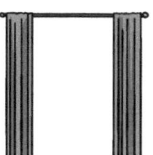

curtain
la cortina

table
la mesa

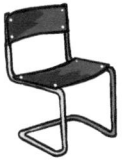

chair
la silla

rocking chair
la mecedora

armchair
el sillón

book

el libro

blanket

la frazada

decoration

la decoración

firewood

la leña

film

la película

hi-fi equipment

el equipo de música

key

la llave

newspaper

el diario

painting

la pintura

poster

el póster

radio

la radio

notepad

el cuaderno

hoover

la aspiradora

cactus

el cactus

candle

la vela

kitchen
la cocina

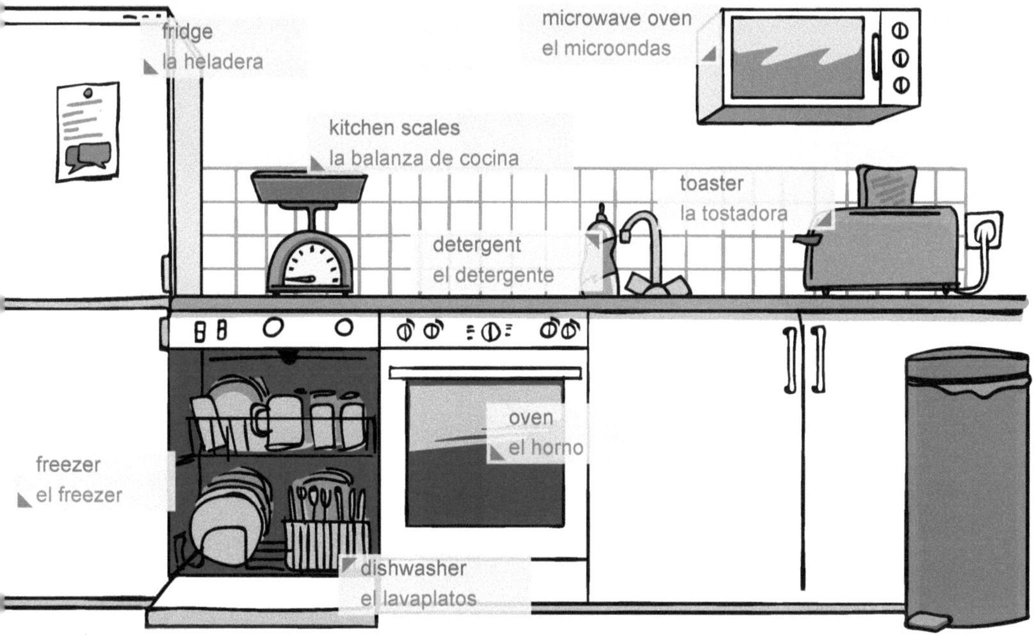
fridge
la heladera
microwave oven
el microondas
kitchen scales
la balanza de cocina
toaster
la tostadora
detergent
el detergente
oven
el horno
freezer
el freezer
dishwasher
el lavaplatos

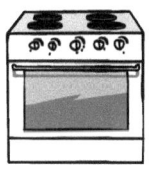

cooker

la cocina

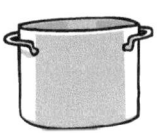

pot

la olla

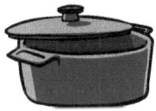

cast-iron pot

la olla de hierro fundido

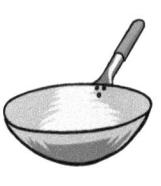

wok / kadai

el wok

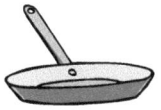

pan

la sartén

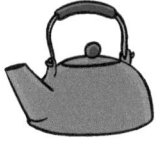

kettle

la pava

steamer

la vaporera

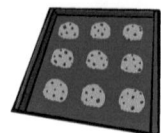

baking tray

la bandeja de horno

crockery

la vajilla

mug

la taza

bowl

el bol

chopsticks

los palitos

ladle

el cucharón

spatula

la espátula

whisk

la batidora

strainer

el colador

sieve

el colador

grater

el rallador

mortar

el mortero

barbecue

la parrilla

open fire

la fogata

chopping board

la tabla de picar

rolling pin

el palo de amasar

corkscrew

el sacacorchos

can

la lata

can opener

el abrelatas

pot holder

la manopla

sink

la pileta

brush

el cepillo

sponge

la esponja

blender

la batidora

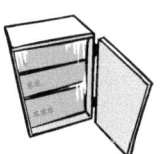

deep freezer

el congelador

baby bottle

la mamadera

tap

la canilla

el baño

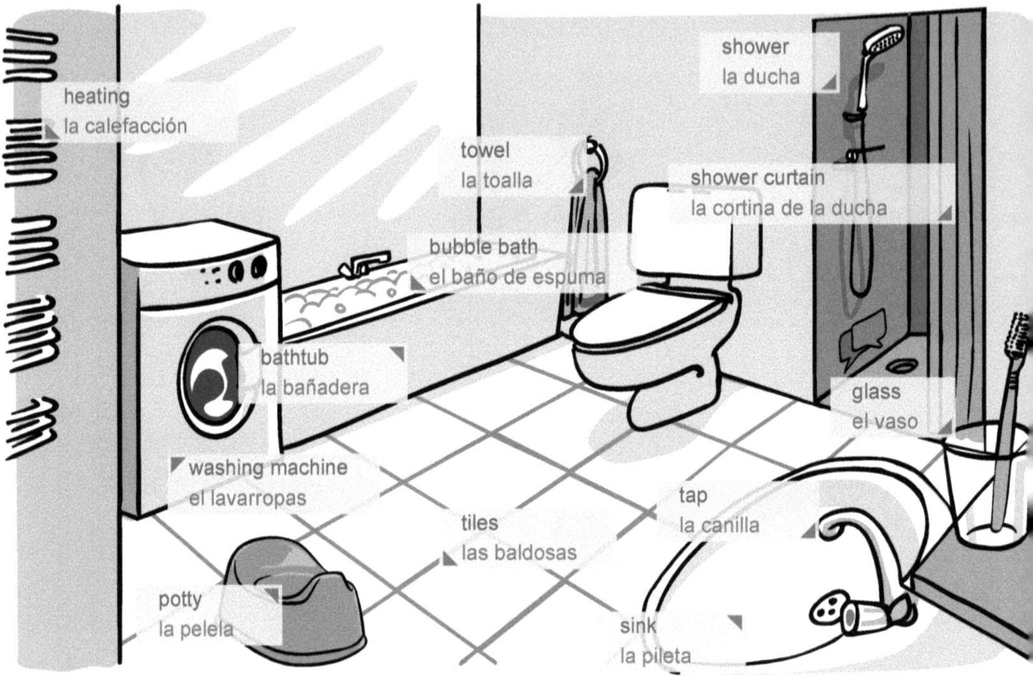

heating
la calefacción

shower
la ducha

towel
la toalla

shower curtain
la cortina de la ducha

bubble bath
el baño de espuma

bathtub
la bañadera

glass
el vaso

washing machine
el lavarropas

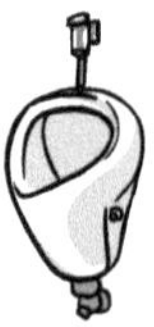

tap
la canilla

tiles
las baldosas

potty
la pelela

sink
la pileta

toilet	squat toilet	bidet
el inodoro	la letrina	el bidé

urinal	toilet paper	toilet brush
el mingitorio	el papel higiénico	el cepillo para el inodoro

toothbrush

el cepillo de dientes

toothpaste

el dentífrico

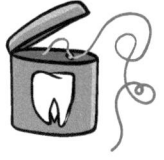

dental floss

el hilo dental

wash

lavar

handheld shower

la ducha de mano

douche

la ducha higiénica

basin

la palangana

back brush

el cepillo para la espalda

soap

el jabón

shower gel

el gel de ducha

shampoo

el shampoo

flannel

la toallita

drain

el desagüe

cream

la crema

deodorant

el desodorante

mirror

el espejo

hand mirror

el espejito

razor

la maquinita de afeitar

shaving foam

la espuma de afeitar

aftershave

el aftershave

comb

el peine

brush

el cepillo

hair dryer

el secador de pelo

hairspray

el spray

makeup

el maquillaje

lipstick

el lápiz de labios

nail varnish

el esmalte para uñas

cotton wool

el algodón

nail scissors

la tijera para uñas

perfume

el perfume

washbag

el portacosméticos

stool

la banqueta

weighing scale

la balanza

bathrobe

la bata

rubber gloves

los guantes de goma

tampon

el tampón

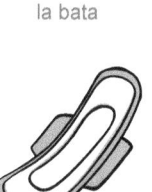

sanitary towel

la toallita femenina

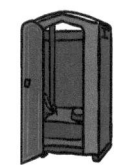

chemical toilet

el baño químico

child's room
el cuarto de los chicos

alarm clock
el despertador
cuddly toy
el peluche
toy car
el coche de juguete
rattle
el sonajero
doll's house
la casa de muñecas
present
el regalo

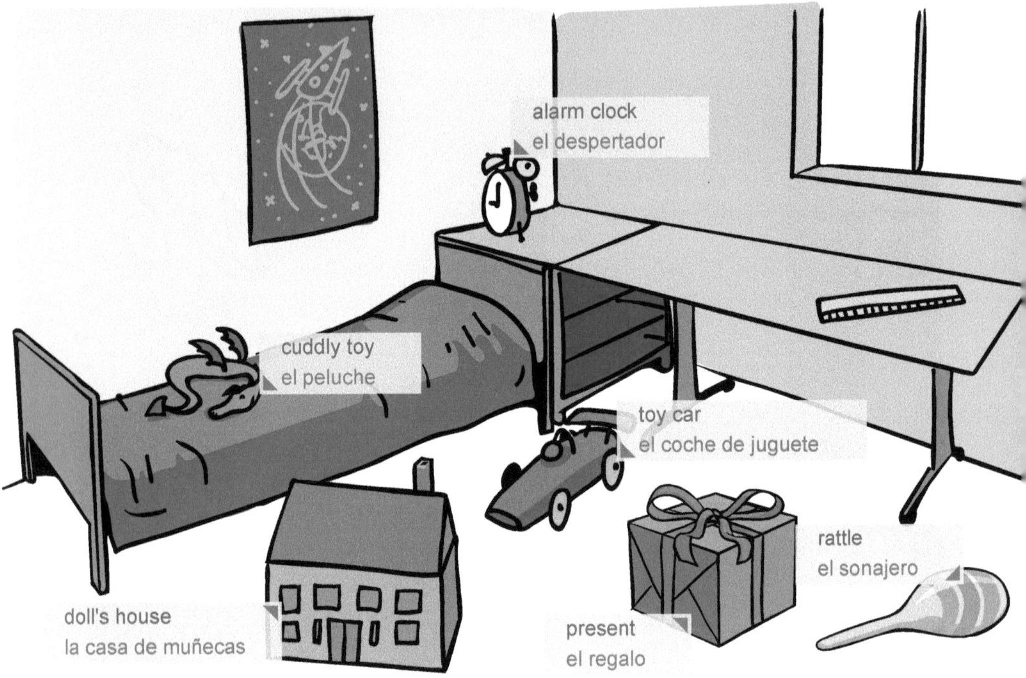

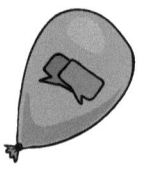

balloon
el globo

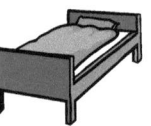

bed
la cama

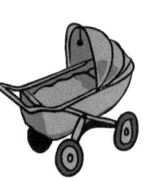

pram
el cochecito

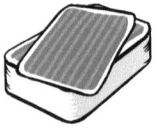

deck of cards
las cartas

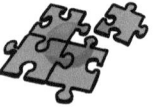

jigsaw
el rompecabezas

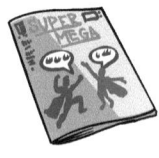

comic
la historieta

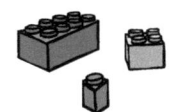

lego bricks

las piezas de lego

building blocks

los ladrillos de juguete

action figure

la figura de acción

babygrow

el enterito (de bebé)

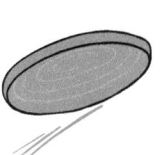

frisbee

el frisbee

mobile

el móvil para bebés

board game

el juego de mesa

dice

los dados

model train set

el tren eléctrico

dummy

el chupete

party

la fiesta

picture book

el libro de cuentos ilustrado

ball

la pelota

doll

la muñeca

play

jugar

sandpit

el arenero

swing

la hamaca

toys

los juguetes

video game console

la consola de videojuegos

tricycle

el triciclo

teddy bear

el osito de peluche

wardrobe

el armario

clothing

la ropa

socks

las medias

stockings

las medias panty

tights

las calzas

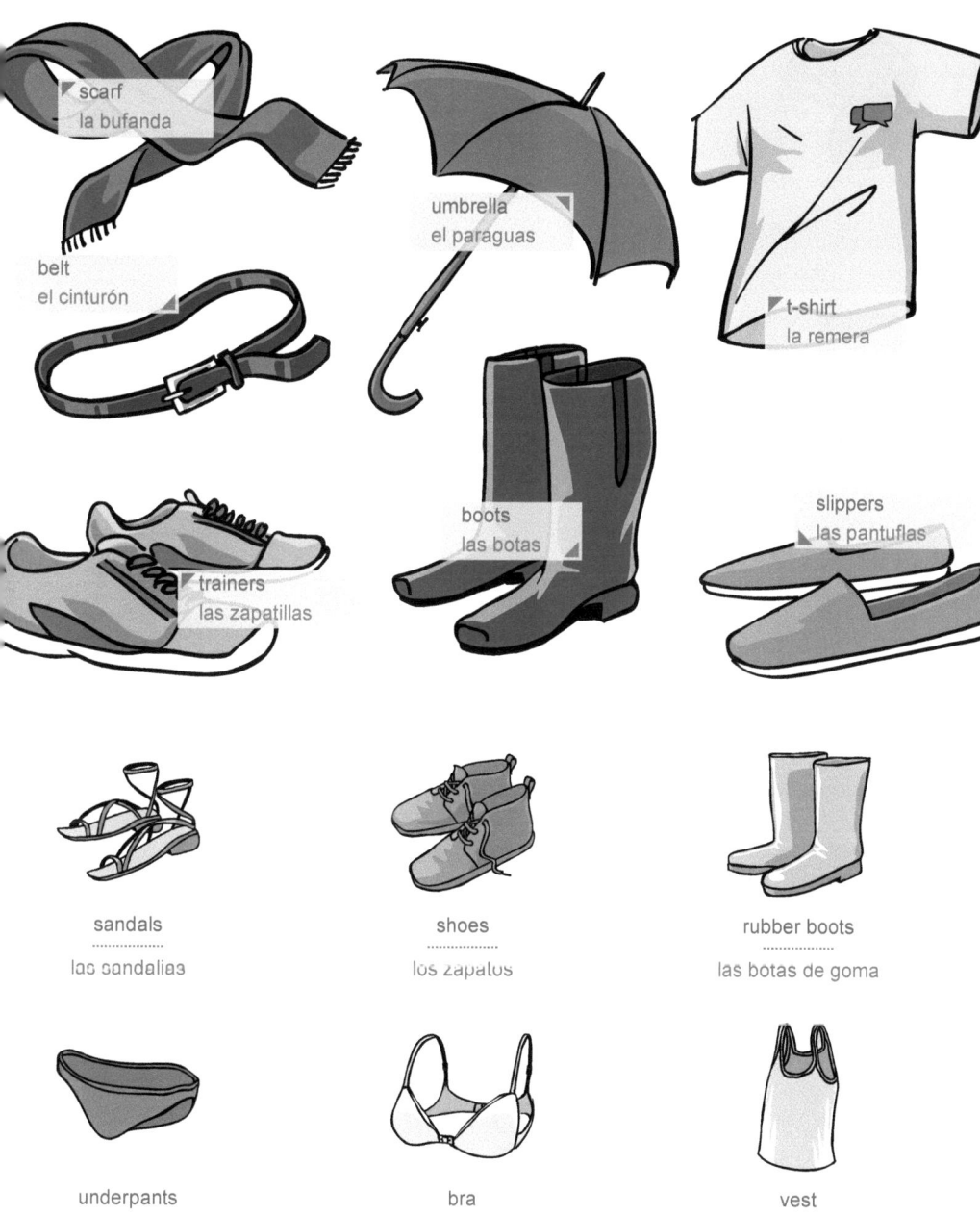

scarf
la bufanda

umbrella
el paraguas

t-shirt
la remera

belt
el cinturón

boots
las botas

slippers
las pantuflas

trainers
las zapatillas

sandals
las sandalias

shoes
los zapatos

rubber boots
las botas de goma

underpants
la ropa interior

bra
el corpiño

vest
el chaleco

body

el body

trousers

los pantalones

jeans

los jeans

skirt

la pollera

blouse

la blusa

shirt

la camisa

pullover

el pulóver

hoodie

el buzo

blazer

el blazer

jacket

la campera

coat

el tapado

raincoat

el piloto

costume

el traje

dress

el vestido

wedding dress

el vestido de novia

suit

el traje

nightgown

el camisón

pyjamas

el pijama

sari

el sari

headscarf

el pañuelo para la cabeza

turban

el turbante

burqa

la burka

kaftan

el caftán

abaya

la abaya

swimsuit

el traje de baño

trunks

el short de baño

shorts

los shorts

tracksuit

el jogging

apron

el delantal

gloves

los guantes

button

el botón

glasses

los anteojos

bracelet

la pulsera

necklace

el collar

ring

el anillo

earring

el aro

cap

la gorra

coat hanger

la percha

hat

el sombrero

tie

la corbata

zip

el cierre

helmet

el casco

braces

los tiradores

school uniform

el uniforme escolar

uniform

el uniforme

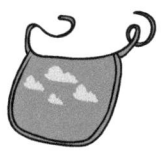

bib

el babero

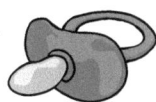

dummy

el chupete

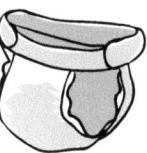

nappy

el pañal

office

la oficina

server
el servidor
filing cabinet
el archivero
printer
la impresora
paper
el papel
monitor
el monitor
mouse
el mouse
desk
el escritorio
folder
la carpeta
keyboard
el teclado
waste-paper basket
el tacho (de basura)
computer
la computadora
chair
la silla

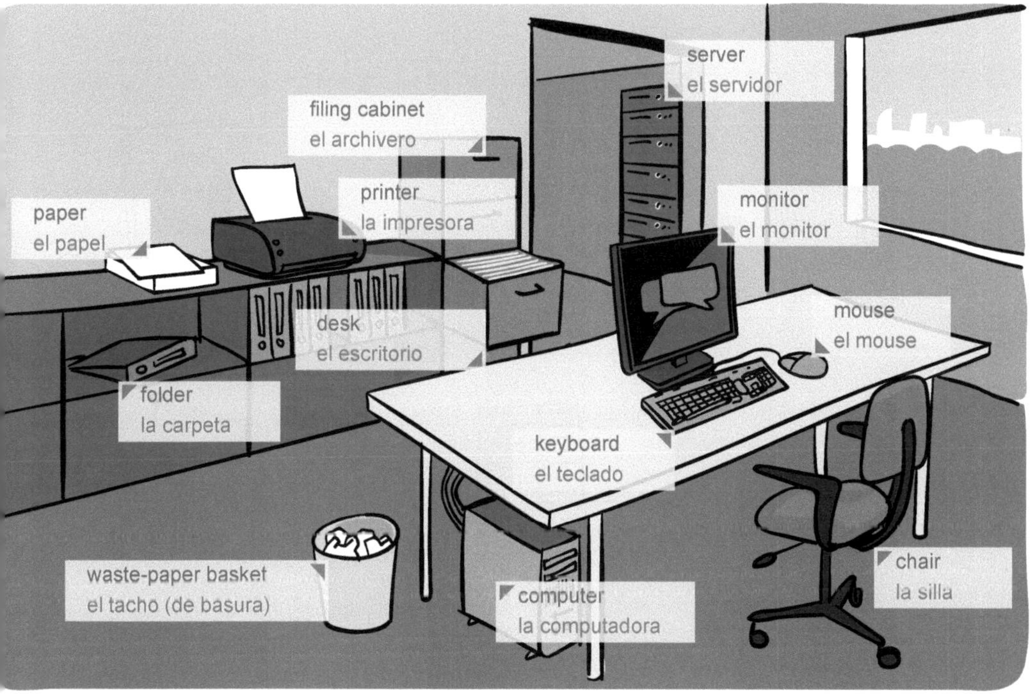

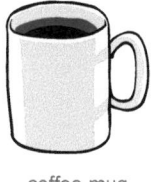

coffee mug

la taza de café

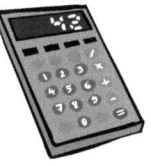

calculator

la calculadora

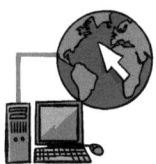

internet

el internet

laptop

la laptop

letter

la carta

message

el mensaje

mobile

el celular

network

la red

photocopier

la fotocopiadora

software

el software

telephone

el teléfono

plug socket

el tomacorriente

fax machine

el fax

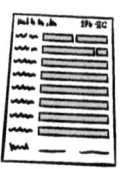

form

el formulario

document

el documento

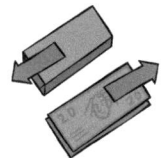

buy

comprar

pay

pagar

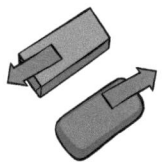

trade

hacer negocios

money

el dinero

USD

dollar

el dólar

EUR

euro

el euro

JPY

yen

el yen

RUB

rouble

el rublo

CHF

Swiss franc

el franco suizo

CNY

renminbi yuan

el yuan

INR

rupee

la rupia

cashpoint

el cajero automático

bureau de change

la casa de cambio

gold

el oro

silver

la plata

oil

el petróleo

energy

la energía

price

el precio

contract

el contrato

tax

el impuesto

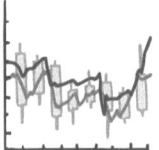

stock

la acción

work

trabajar

employee

el empleado

employer

el empleador

factory

la fábrica

shop

el negocio

economy - la economía

occupations
las ocupaciones

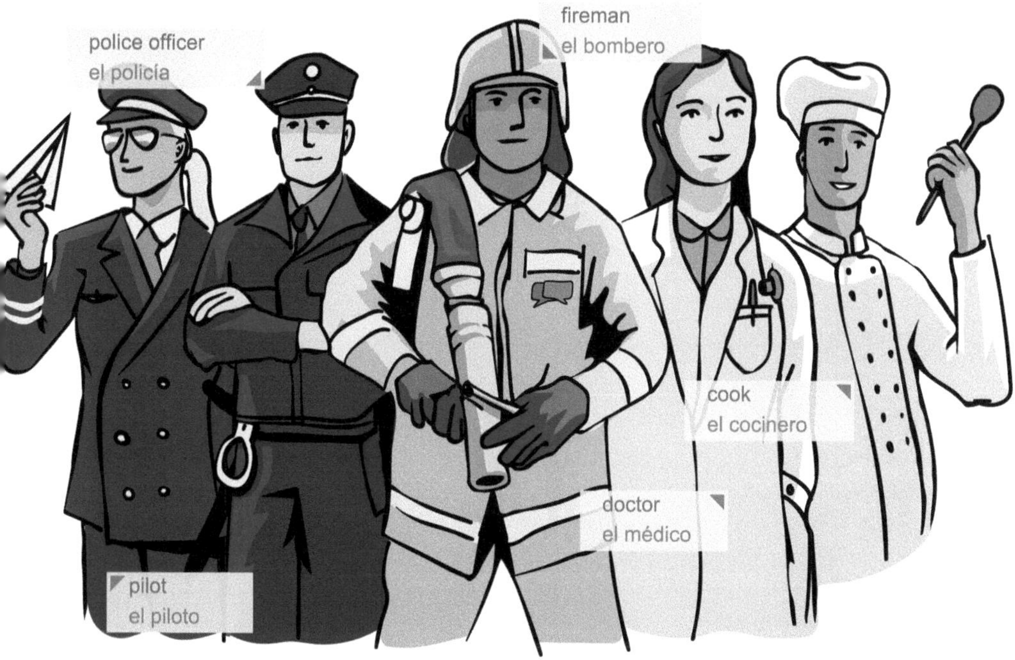
fireman
el bombero
police officer
el policía
cook
el cocinero
doctor
el médico
pilot
el piloto

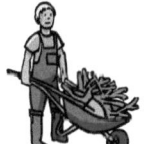

gardener
el jardinero

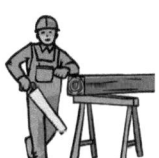

carpenter
el carpintero

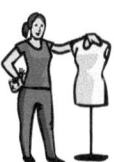

seamstress
la modista

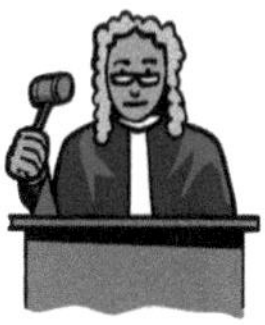

judge
el juez

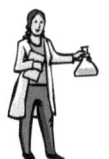

chemist
el farmacéutico

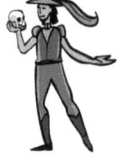

actor
el actor

bus driver

el colectivero

taxi driver

el taxista

fisherman

el pescador

cleaning lady

la mucama

roofer

el techista

waiter

el mozo

hunter

el cazador

painter

el pintor

baker

el panadero

electrician

el electricista

builder

el albañil

engineer

el ingeniero

butcher

el carnicero

plumber

el plomero

postman

el cartero

soldier

el soldado

architect

el arquitecto

cashier

el cajero

florist

el florista

hairdresser

el peluquero

conductor

el cobrador

mechanic

el mecánico

captain

el capitán

dentist

el dentista

scientist

el científico

rabbi

el rabino

imam

el imán

monk

el monje

clergyman

el sacerdote

occupations - las ocupaciones

las herramientas

hammer
el martillo

screwdriver
el destornillador

pliers
la tenaza

spanner
la llave

torch
la linterna

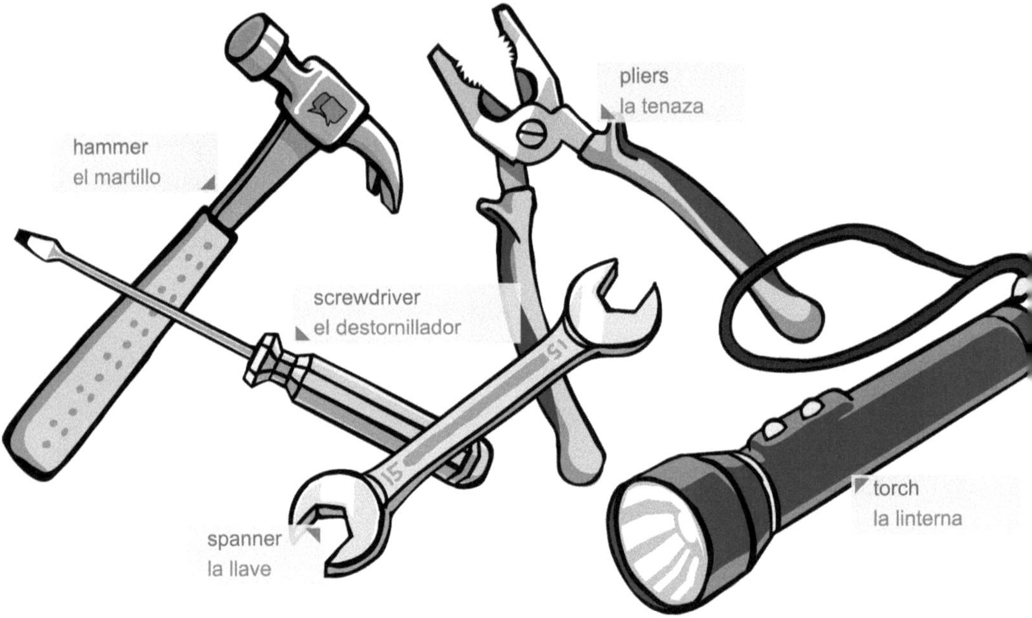

digger
la excavadora

toolbox
la caja de herramientas

ladder
la escalera portátil

saw
la sierra

nails
los clavos

drill
el taladro

repair
arreglar

shovel
la pala de jardín

Damn!
¡Qué bronca!

dustpan
la pala de plástico

paint pot
el tacho de pintura

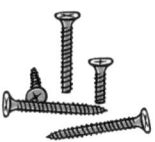

screws
los tornillos

musical instruments
los instrumentos musicales

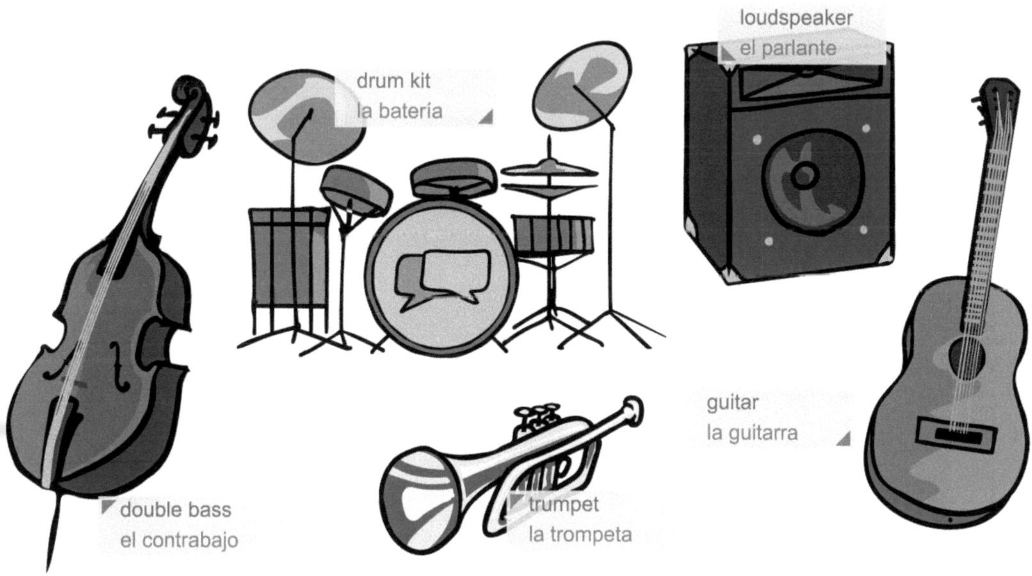

drum kit
la batería

loudspeaker
el parlante

guitar
la guitarra

double bass
el contrabajo

trumpet
la trompeta

piano

el piano

violin

el violín

bass

el bajo

timpani

los timbales

drums

el tambor

keyboard

el teclado

saxophone

el saxofón

flute

la flauta

microphone

el micrófono

zoo

el zoológico

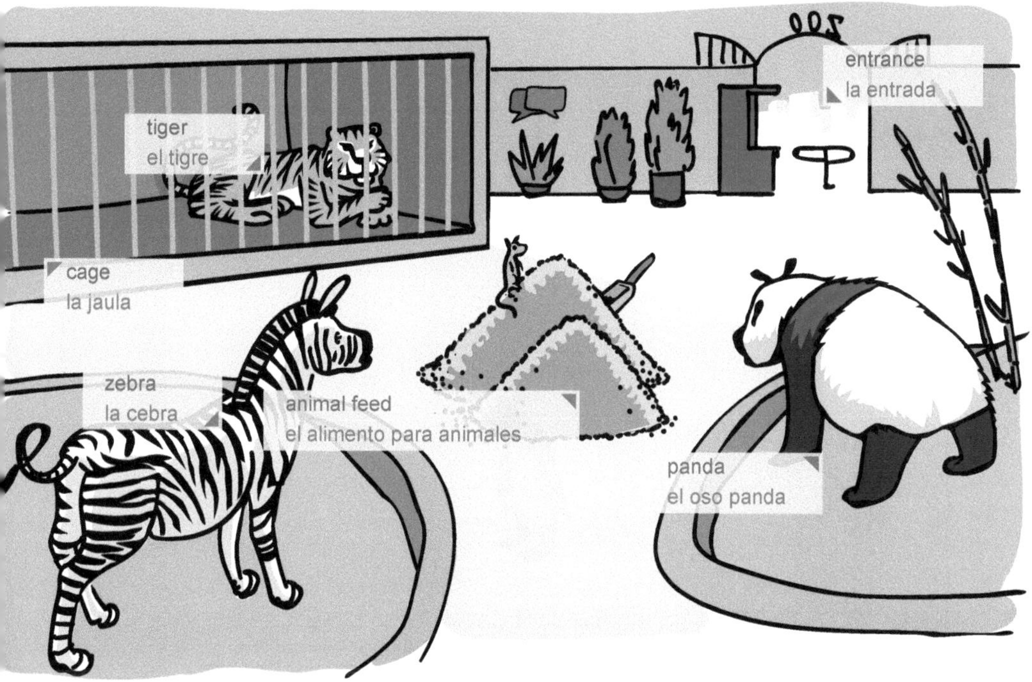

entrance
la entrada
tiger
el tigre
cage
la jaula
zebra
la cebra
animal feed
el alimento para animales
panda
el oso panda

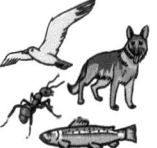

animals

los animales

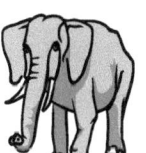

elephant

el elefante

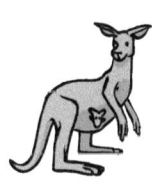

kangaroo

el canguro

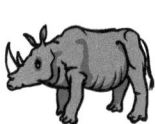

rhino

el rinoceronte

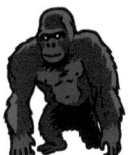

gorilla

el gorila

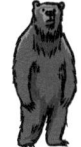

bear

el oso

camel

el camello

ostrich

el avestruz

lion

el león

monkey

el mono

flamingo

el flamenco

parrot

el loro

polar bear

el oso polar

penguin

el pingüino

shark

el tiburón

peacock

el pavo real

snake

la serpiente

crocodile

el cocodrilo

zookeeper

el cuidador del zoológico

seal

la foca

jaguar

el jaguar

zoo - el zoológico

pony

el poni

leopard

el leopardo

hippo

el hipopótamo

giraffe

la jirafa

eagle

el águila

boar

el jabalí

fish

el pescado

turtle

la tortuga

walrus

la morsa

fox

el zorro

gazelle

la gacela

American football
el fútbol americano

cycling
el ciclismo

tennis
el tenis

basketball
el básquet

swimming
la natación

boxing
el boxeo

ice hockey
el hockey sobre hielo

football
el fútbol

badminton
el bádminton

athletics
el atletismo

handball
el handball

skiing
el esquí

polo
el polo

jump
saltar

hug
abrazar

laugh
reír

walk
caminar

sing
cantar

dream
soñar

pray
rezar

kiss
besar

write	draw	show
escribir	dibujar	mostrar

push	give	take
presionar	dar	tomar

have

tener

do

hacer

be

ser

stand

estar parado

run

correr

pull

tirar

throw

tirar

fall

caer

lie

estar acostado

wait

esperar

carry

llevar

sit

estar sentado

get dressed

vestirse

sleep

dormir

wake up

despertar

look at
mirar

cry
llorar

stroke
acariciar

comb
peinar

talk
hablar

understand
entender

ask
preguntar

listen
escuchar

drink
beber

eat
comer

tidy up
ordenar

love
amar

cook
cocinar

drive
manejar

fly
volar

sail

navegar

calculate

calcular

read

leer

learn

aprender

work

trabajar

marry

casarse

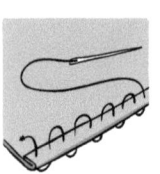

sew

coser

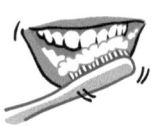

brush teeth

cepillarse los dientes

kill

matar

smoke

fumar

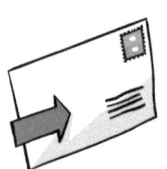

send

enviar

family
la familia

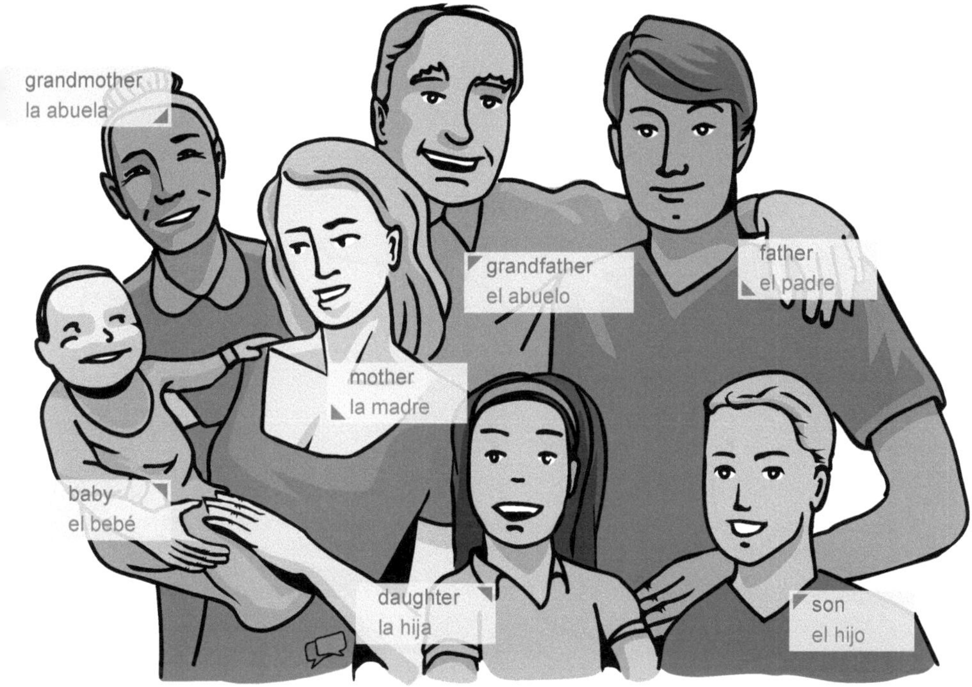
grandmother
la abuela
grandfather
el abuelo
father
el padre
mother
la madre
baby
el bebé
daughter
la hija
son
el hijo

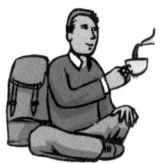

guest
el invitado

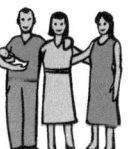

aunt
la tía

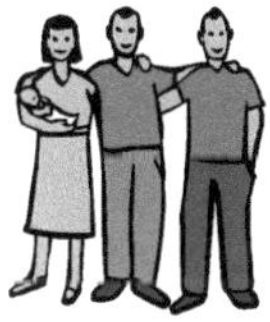

uncle
el tío

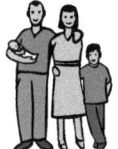

brother
el hermano

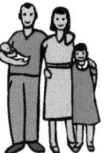

sister
la hermana

body

el cuerpo

forehead
la frente
eye
el ojo
shoulder
el hombro
finger
el dedo
face
la cara
chin
la pera
hand
la mano
leg
la pierna
breast
el pecho
arm
el brazo

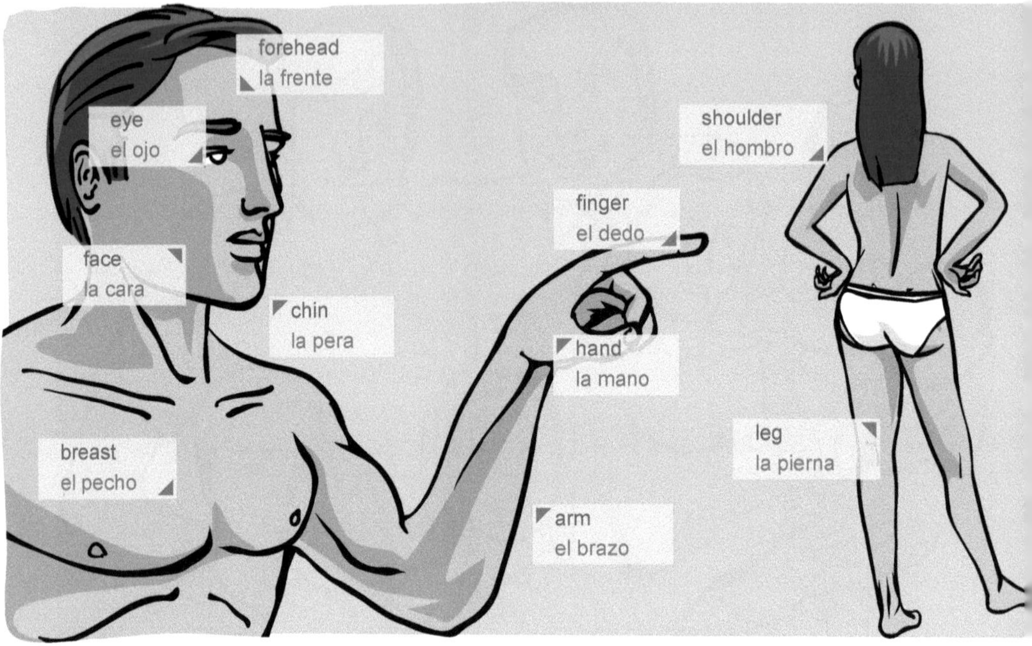

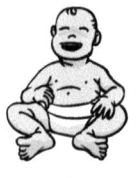

baby

el bebé

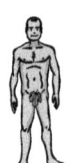

man

el hombre

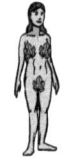

woman

la mujer

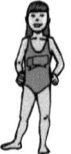

girl

la nena

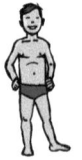

boy

el nene

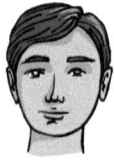

head

la cabeza

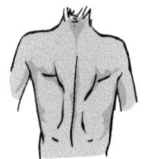

back

la espalda

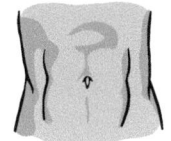

belly

la panza

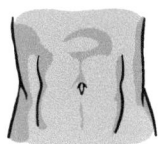

belly button

el ombligo

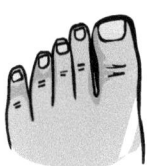

toe

el dedo del pie

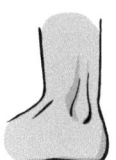

heel

el talón

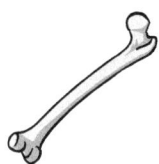

bone

el hueso

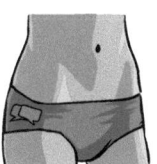

hip

la cadera

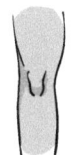

knee

la rodilla

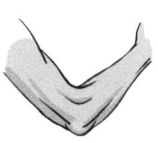

elbow

el codo

nose

la nariz

bottom

la cola

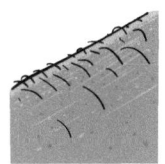

skin

la piel

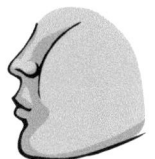

cheek

el cachete

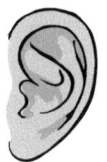

ear

la oreja

lip

el labio

body - el cuerpo

mouth

la boca

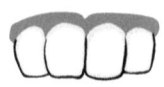

tooth

el diente

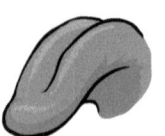

tongue

la lengua

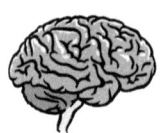

brain

el cerebro

heart

el corazón

muscle

el músculo

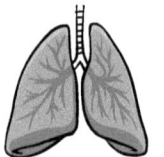

lung

el pulmón

liver

el hígado

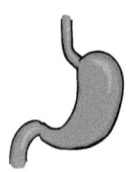

stomach

el estómago

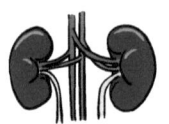

kidneys

los riñones

sex

el sexo

condom

el preservativo

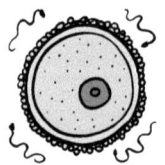

ovum

el óvulo

semen

el semen

pregnancy

el embarazo

body - el cuerpo

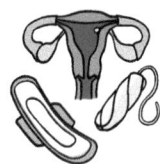

menstruation

la menstruación

vagina

la vagina

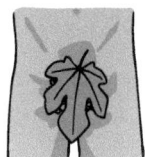

penis

el pene

eyebrow

la ceja

hair

el pelo

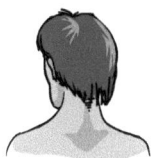

neck

el cuello

hospital
el hospital

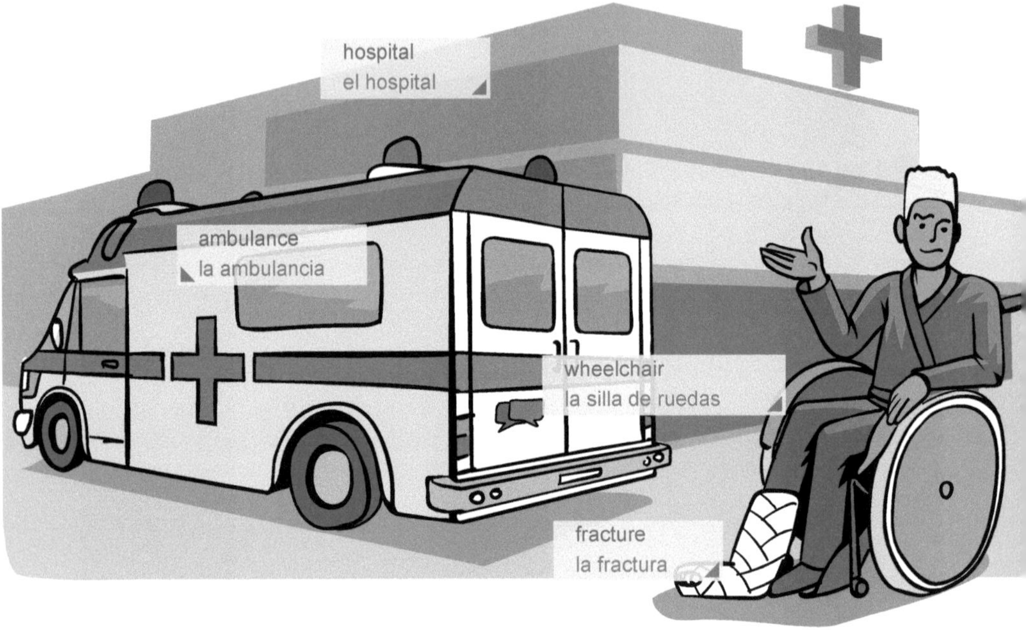
hospital
el hospital
ambulance
la ambulancia
wheelchair
la silla de ruedas
fracture
la fractura

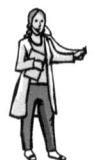

doctor

el médico

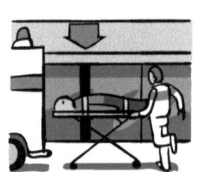

emergency room

la sala de guardia

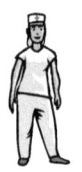

nurse

la enfermera

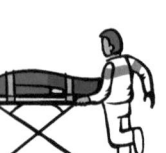

emergency

la emergencia

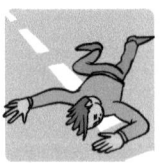

unconscious

inconsciente

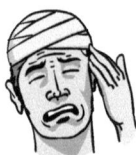

pain

el dolor

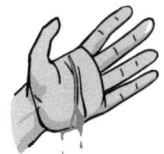

injury

la lesión

bleeding

la hemorragia

heart attack

el infarto

stroke

el ACV

allergy

la alergia

cough

la tos

fever

la fiebre

flu

la gripe

diarrhoea

la diarrea

headache

el dolor de cabeza

cancer

el cáncer

diabetes

la diabetes

surgeon

el cirujano

scalpel

el bisturí

operation

la operación

CT

la TC

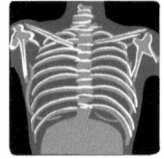

x-ray

los rayos x

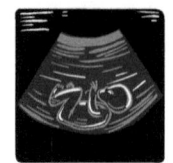

ultrasound

la ecografía

face mask

el barbijo

disease

la enfermedad

waiting room

la sala de espera

crutch

la muleta

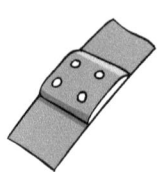

plaster

la curita

bandage

la venda

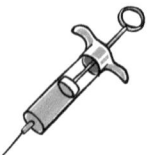

injection

la inyección

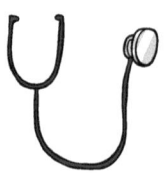

stethoscope

el estetoscopio

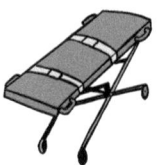

stretcher

la camilla

clinical thermometer

el termómetro

birth

el nacimiento

overweight

el sobrepeso

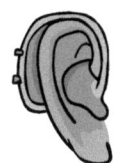

hearing aid
el audífono

disinfectant
el desinfectante

infection
la infección

virus
el virus

HIV / AIDS
el VIH / SIDA

medicine
el remedio

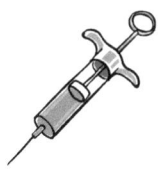

vaccination
la vacunación

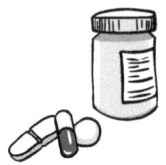

tablets
los comprimidos

pill
la pastilla anticonceptiva

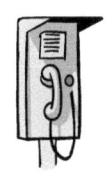

emergency call
la llamada de emergencia

blood pressure monitor
el tensiómetro

ill / healthy
enfermo / sano

Help!
¡Ayuda!

alarm
la alarma

assault
la agresión

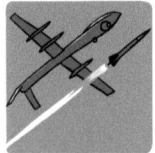

attack
el ataque

danger
el peligro

emergency exit
la salida de emergencia

Fire!
¡Fuego!

fire extinguisher
el matafuego

accident
el accidente

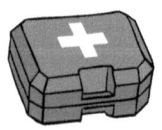

first-aid kit
el botiquín de primeros
auxilios

SOS
el SOS

police
la policía

Europe

Europa

North America

América del Norte

South America

América del Sur

Africa

África

Asia

Asia

Australia

Australia

Atlantic

el Atlántico

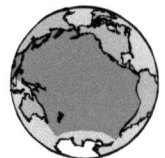

Pacific

el Pacífico

Indian Ocean

el Océano Índico

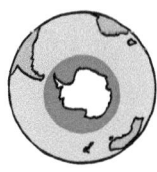

Antarctic Ocean

el Océano Antártico

Arctic Ocean

el Océano Ártico

North Pole

el polo norte

South Pole

el polo sur

Antarctica

la Antártida

Earth

la Tierra

land

la tierra

sea

el mar

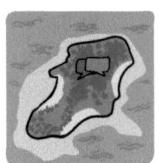

island

la isla

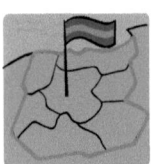

nation

la nación

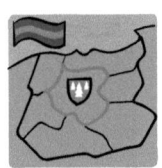

state

el estado

clock face

la esfera

hour hand

la manecilla de las horas

minute hand

el minutero

second hand

el segundero

What time is it?

¿Qué hora es?

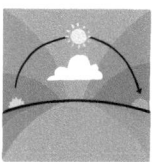

day

el día

time

la hora

now

ahora

digital watch

el reloj digital

minute

el minuto

hour

la hora

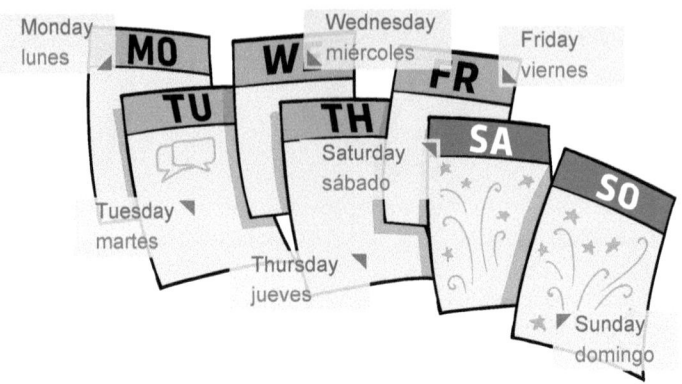

Monday
lunes

Wednesday
miércoles

Friday
viernes

Tuesday
martes

Saturday
sábado

Thursday
jueves

Sunday
domingo

yesterday

ayer

today

hoy

tomorrow

mañana

morning

la mañana

noon

el mediodía

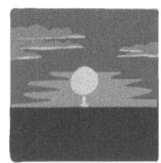

evening

la tarde

business days

los días hábiles

weekend

el fin de semana

year

el año

rain
la lluvia
snow
la nieve
wind
el viento
spring
la primavera
autumn
el otoño
summer
el verano
winter
el invierno

4.APRIL 11°
5.APRIL 4°
6.APRIL 13°
7.APRIL 8°
8.APRIL 10°

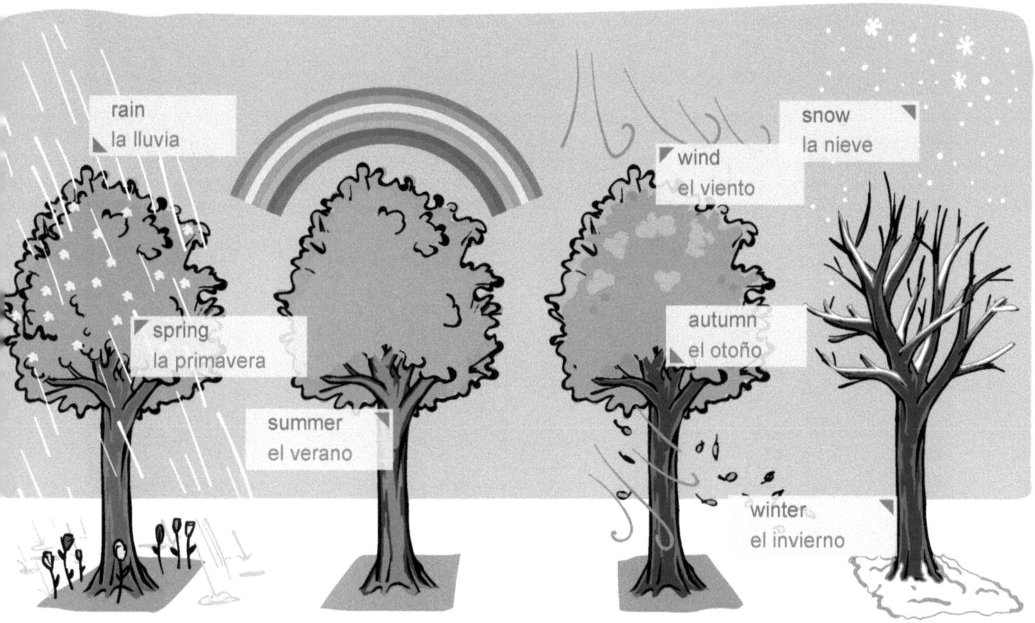

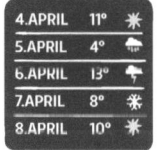

weather forecast

el pronóstico meteorológico

F C
120 40
90 30
60 20
30 10
0 0
-30 -10
-20

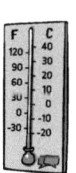

thermometer

el termómetro

sunshine

la luz del sol

cloud

la nube

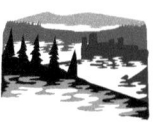

fog

la niebla

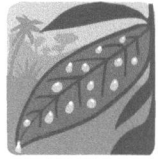

humidity

la humedad

lightning

el rayo

thunder

el trueno

storm

la tormenta

hail

el granizo

monsoon

el monzón

flood

la inundación

ice

el hielo

January

enero

February

febrero

March

marzo

April

abril

May

mayo

June

junio

July

julio

August

agosto

September
....
septiembre

October
....
octubre

November
....
noviembre

December
....
diciembre

shapes
las formas

circle
....
el círculo

square
....
el cuadrado

rectangle
....
el rectángulo

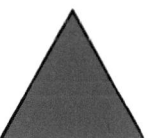

triangle
....
el triángulo

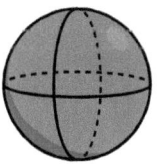

sphere
....
la esfera

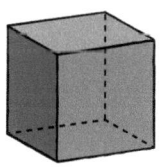

cube
....
el cubo

colours
colores

white
blanco

yellow
amarillo

orange
naranja

pink
rosa

red
rojo

purple
violeta

blue
azul

green
verde

brown
marrón

grey
gris

black
negro

a lot / a little

mucho / poco

angry / calm

enojado / tranquilo

beautiful / ugly

lindo / feo

beginning / end

el principio / el fin

big / small

grande / chico

bright / dark

claro / oscuro

brother / sister

el hermano / la hermana

clean / dirty

limpio / sucio

complete / incomplete

completo / incompleto

day / night

el día / la noche

dead / alive

muerto / vivo

wide / narrow

ancho / angosto

edible / inedible

comestible / no comestible

evil / kind

malo / amable

excited / bored

entusiasmado / aburrido

fat / thin

gordo / flaco

first / last

primero / último

friend / enemy

el amigo / el enemigo

full / empty

lleno / vacío

hard / soft

duro / blando

heavy / light

pesado / liviano

hunger / thirst

el hambre / la sed

ill / healthy

enfermo / sano

illegal / legal

ilegal / legal

intelligent / stupid

inteligente / estúpido

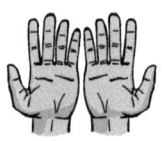

left / right

izquierda / derecha

near / far

cerca / lejos

new / used

nuevo / usado

nothing / something

nada / algo

old / young

viejo / joven

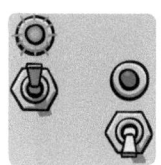

on / off

encendido / apagado

open / closed

abierto / cerrado

quiet / loud

silencioso / ruidoso

rich / poor

rico / pobre

right / wrong

correcto / incorrecto

rough / smooth

áspero / suave

sad / happy

triste / contento

short / long

corto / largo

slow / fast

lento / rápido

wet / dry

mojado / seco

warm / cool

caliente / frío

war / peace

guerra / paz

opposites - los opuestos

los números

0

zero

cero

1

one

uno

2

two

dos

3

three

tres

4

four

cuatro

5

five

cinco

6

six

seis

7

seven

siete

8

eight

ocho

9

nine

nueve

10

ten

diez

11

eleven

once

12

twelve

doce

13

thirteen

trece

14

fourteen

catorce

15

fifteen

quince

16

sixteen

dieciséis

17

seventeen

diecisiete

18

eighteen

dieciocho

19

nineteen

diecinueve

20

twenty

veinte

100

hundred

cien

1.000

thousand

mil

1.000.000

million

el millón

English

el inglés

American English

el inglés americano

Chinese Mandarin

el chino mandarín

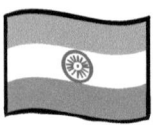

Hindi

el hindi

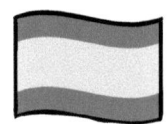

Spanish

el español

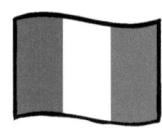

French

el francés

Arabic

el árabe

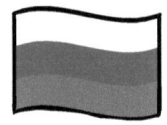

Russian

el ruso

Portuguese

el portugués

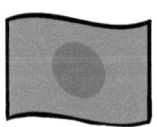

Bengali

el bengalí

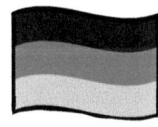

German

el alemán

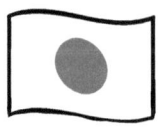

Japanese

el japonés

I
yo

you
vos

he / she / it
él / ella

we
nosotros

you
ustedes

they
ellos

who?
¿quién?

what?
¿qué?

how?
¿cómo?

where?
¿dónde?

when?
¿cuándo?

name
el nombre

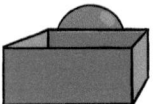

behind

detrás

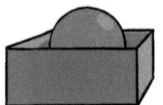

in

en

in front of

adelante de

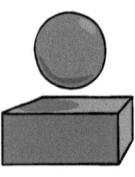

over

por encima de

on

sobre

under

debajo de

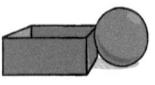

beside

al lado de

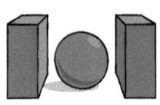

between

entre

place

el lugar